WAT KICKS DU KRUUS?

VERSTEHS MI NICH?

HANNAH SIEHOFF

Bibliografische Information der Deutschen Bibliothek
Die Deutsche Bibliothek verzeichnet diese Publikation in der Deutschen Nationalbibliografie; detaillierte bibliografische Daten sind im Internet über <http://dnb.ddb.de> abrufbar.

www.aschendorff-buchverlag.de

Printed in Europe

ISBN 978-3-402-25020-4

Wat kicks du kruus? Verstehs mi nich?

Der Titel des Buches spiegelt sich wahrscheinlich genau in diesem Moment auf deinem Gesicht wider, wenn du nicht gerade mit Plattdeutsch aufgewachsen bist. Übersetzt bedeutet die Frage so viel, wie: Warum guckst du so irritiert?

Wir leben in einer Zeit, in der Globalisierung aus unserem Leben nicht mehr wegzudenken ist. Alle Kinder lernen möglichst frühzeitig die englische Sprache, um sich so auf der ganzen Welt verständigen zu können. Schaut man auf den Sprecherkreis der plattdeutschen Sprache, so fällt ganz schnell auf, dass die Zahl der aktiven Sprecher*innen immer stärker abnimmt.

Doch was geschieht mit Sprachen, die nicht mehr gesprochen werden, deren sozialen Wert nicht mehr gesehen wird? Sie werden nicht mehr an die folgenden Generationen weitergegeben und sterben mit der Zeit aus. Doch nicht nur die Sprache an sich stirbt aus, denn Sprachen sind mit so einem großen Wissensschatz verknüpft, dass das Aussterben der Regionalsprachen einen Rattenschwanz nach sich zieht, der nach und nach auch Brauchtümer und Wissen ganzer Regionen verschlingt.

Das vorliegende Bildwörterbuch ist konzipiert als Generationen verbindendes Projekt. Es regt zum Austausch zwischen Kindern und Eltern oder Großeltern und Enkeln an. Denn genau auf diese Verbindung der Generationen kommt es an, wenn es um den Erhalt der plattdeutschen Sprache geht.

Das Buch folgt dem Jahresverlauf und gibt Einblicke in die Brauchtümer und Traditionen der Region. Oma Agnes und ihr Enkel Jan begleiten uns durch das Jahr und können voneinander noch so einiges nicht nur über die plattdeutsche Sprache lernen.

Hoffentlich bekommt die/der Ein oder Andere nach dem Lesen des Buches einen Anstoß sich wieder intensiver mit der Sprache der Heimatregion zu befassen und den Austausch mit aktiven Sprecher*innen zu suchen. Besonders schön wird das Leseerlebnis, wenn das Buch gleich gemeinsam in der Familie angeschaut wird und alle ihre ganz persönlichen Erfahrungen miteinander teilen können. Dann heißt es beim nächsten Großeltern-Besuch hoffentlich auch nicht mehr:

„Wat kicks du kruus? Verstehs mi nich?“

Vull Pläsier bi't Lääsen!

Hannah Siehoff

Kloot-Schmieten S. 30–35
Moos-Ääten S. 112–115
Paosken S. 46–53
Karmis S. 84–87
Hochtied S. 80–83
Pingsterbruud S. 58–59
Niklaus-Aobend S. 108–109
Karbied-Scheeten S. 24–25
In't Städtken S. 90–93
Nij-Jaor S. 16–23
Geburtsdaggs-Fier S. 68–79

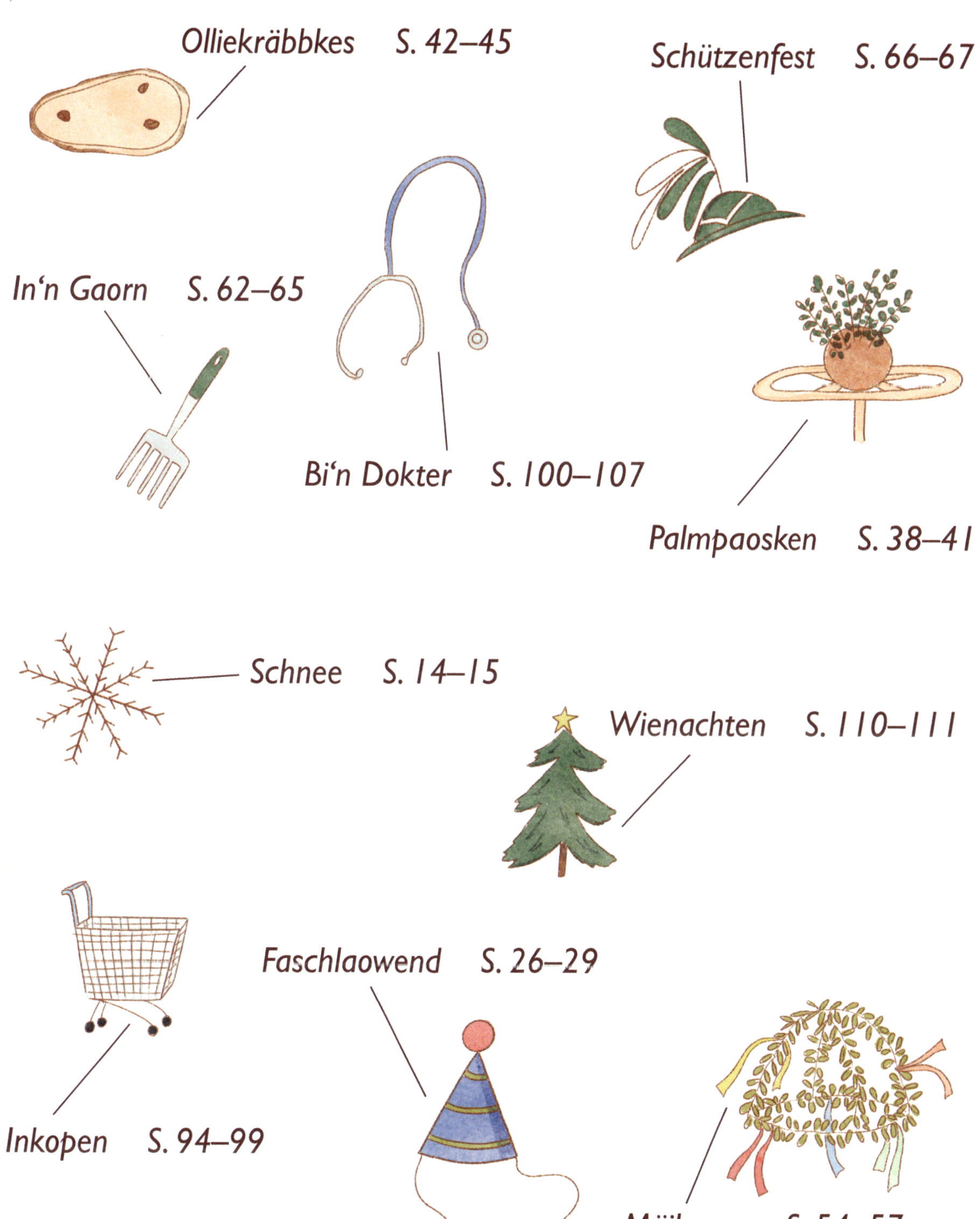
Olliekräbbkes S. 42–45
Schützenfest S. 66–67
In‘n Gaorn S. 62–65
Bi‘n Dokter S. 100–107
Palmpaosken S. 38–41
Schnee S. 14–15
Wienachten S. 110–111
Faschlaowend S. 26–29
Inkopen S. 94–99
Mäikrone S. 54–57

NICH
MÜÜRN,
KÜÜRN!

DING DONG!
OMA AGNES

IK KOM SO DRAN!

DAT IS JA MOOI JAN, DAT DU DIENE OMA NOCH ES MA BESÖCHST. KOM ES BINNEN!
HÄ?
WAT KIEKS DU KRUUS? VERSTEHS MI NICH?
OMA! ICH VERSTEH KEIN WORT. ICH KANN DOCH KEIN PLATTDEUTSCH!
NA, DAT MUT IK DI NOCH ES MA BIBRENGEN!

I

JANUAAR
FEEBRUAAR
MÄÄRT

SCHNEE

KARBIED-SCHEETEN

NIJ-JAOR

FASCHLAOWEND

KLOOT-SCHMIETEN

De Schneebloomen fleegt!

Es schneit!

GLÜCKSÄLLIGS NIJ-JAOR!
Schaope
Schafe
GLÜCKSÄLLIGS NIJ-JAOR!
Fietse - Fahrrad
Koh - Kuh

NIJ-JAOR-AFWINNEN

Eine Tradition, bei der man am Neujahrstag in der Nachbarschaft von Haus zu Haus geht, möglichst schnell *Glücksälligs Nij-joar!* wünscht und zusammen aufs Neue Jahr anstößt.

10 UHR
AUF ZU DEN NACHBARN!
15 UHR
HOW TO:
NIJ-JAOR-AFWINNEN
10:15 UHR
GLÜCKSÄLLIGS NIJ-JAOR!
10:30 UHR
PROOST NIJ-JAOR!
x 10

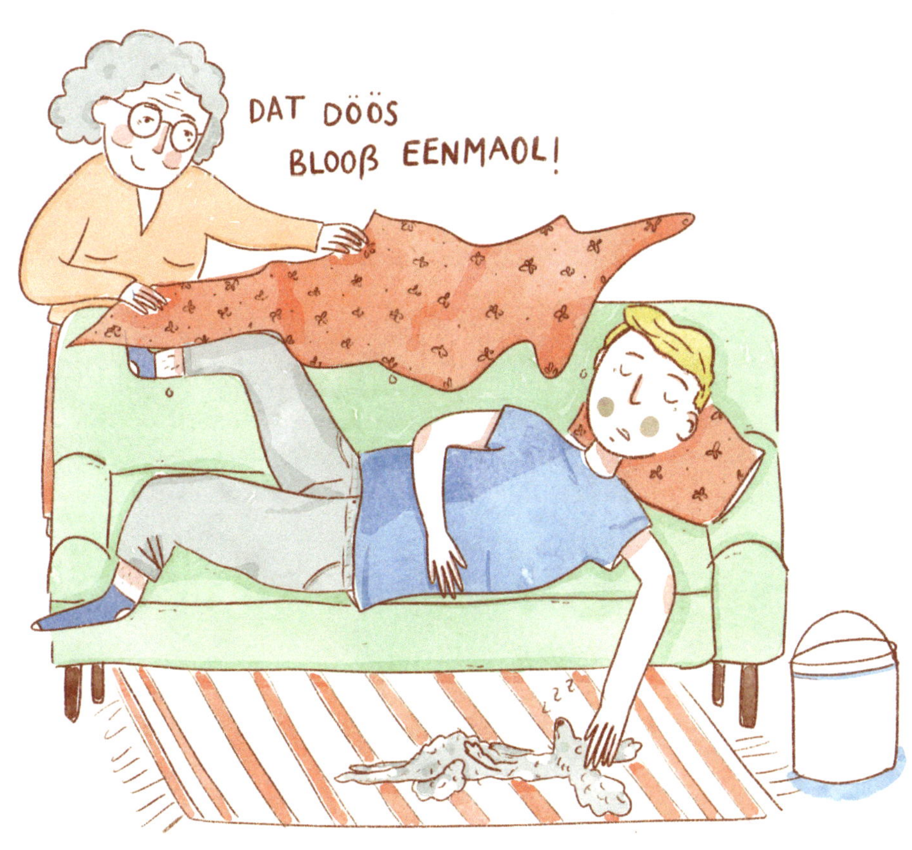
DAT DÖÖS
BLOOß EENMAOL!

NIJ-JAORS-HÄÖRNKES

Hauchdünn gebackene, mit Anis gewürzte Fladen, die im heißen Zustand zu Hörnchen gedreht und traditionell zum Jahreswechsel gebacken werden.

een Schlacks Raom
ein wenig Sahne

een Köppken Koffie
ein Tässchen Kaffee

Melk un Ssucker
Milch und Zucker

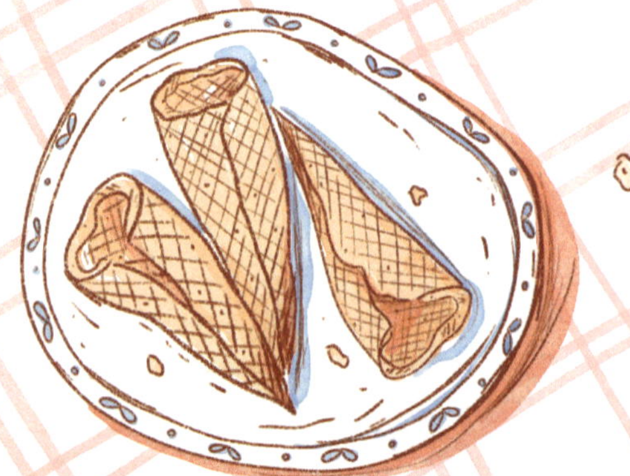

Rezept gibt es auf der
nächsten Seite

Doo mi noch äs Eene.

Gib mir noch mal eins.

NIJ-JAORS-HÄÖRNKES VAN OMA AGNES

Dat bruuks daorto Das brauchst du dafür

150g Botter Butter
250g Ssucker Zucker
2 Äier Eier
1/2 Litter louwarm Waater lauwarmes Wasser
500g Mähl Mehl
1 Päcksken Backpulver Päckchen Backpulver
Anies nao Schmaak Anis nach Geschmack
1 Messer-Spitzken Kaneel Messerspitze Zimt

So wööd't maakt So wird's gemacht

Alle Zutaten in einer großen Schüssel zu einem glatten Teig verrühren. Einen großen Löffel Teig in das Hörncheneisen geben und für 2 Minuten backen, bis der Fladen gold-gelb ist. Im heißen Zustand zu einem Hörnchen aufrollen.
Mit geschlagener Sahne schmeckt's am besten!

Mähl
Ssucker
Äier
Aniés
Kaneel
Back Pulver
louwarm Waater
Botter

Blaagen
Kinder/ Jugendliche
Buxe
Hose
Gummistewwel
Gummistiefel

KARBIED-SCHEETEN

Eine, vor allem in den Niederlanden, noch immer lebendige Tradition, bei der Calciumcarbid in eine alte Milchkanne gelegt und ein wenig nass gemacht wird. Anschließend wird die Kanne mit einem Deckel oder einem Gummiball verschlossen. Es entsteht Ethin, das über eine Zündkerze entzündet wird und mit einem lauten Knall explodiert. Der Deckel oder Ball wird einige Meter weggeschleudert.

Melkbüsse
Milchkanne

FASCHLAOWEND

Karneval wird traditionell in der Nachbarschaft gefeiert und war geprägt von Musik mit dem *Trecksack* (Akkordeon) und der Tradition des *Wost-Uphaalen.* Dabei ging man von Haus zu Haus, sang ein Ständchen und bekam eine Wurst und ein Schnäpschen. Für alle, die es einmal selbst ausprobieren möchten, gibt es auf der nächsten Seite den Liedtext.

Do mi eene Mettwost met,
Mettwost met,
Mettwost met!

KLOOT-SCHMIETEN

Kloot-Schmieten ist bis heute eine sehr beliebte Aktion bei Familien, Freundeskreisen und Stammtischen. Zwei Mannschaften treten gegeneinander an. Die Kugel wird nacheinander möglichst weit geworfen. Das nächste Teammitglied wirft von der Stelle, an der der Ball liegengeblieben ist. Gewonnen hat die Mannschaft, die als Erste am festgelegten Endpunkt ankommt.

UPS!
KLOOT-SCHMIETEN
EXTREME

JAN, DAS IST DEINER!

JAN!

HUH?

RENN!
PASS AUF!
DA IST EIN BULLE AUF DER WEIDE!

AAAAH!

NA, DAS WAR DOCH MAL EIN WURF!

2

APRILL
MÄI
JUUNI

PALMPAOSKEN

OLLIEKRÄBBKES

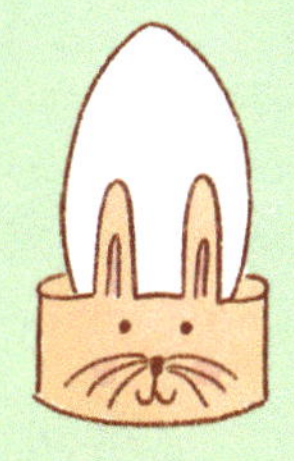

PAOSKEN

MÄIKRONE

PINGSTERBRUUD

PALMPAOSKEN

An Palmsonntag wird mit der Tradition der Palmstöcke an den Einzug Jesu in Jerusalem erinnert. Kinder bis zum 6. Lebensjahr bekommen einen Palmstock mit der entsprechenden Anzahl, je nach Alter, an Krüllen (Locken aus Hobelspan). Oben auf dem Stock wird ein Palmrad aus Hefeteig befestigt, auf dem ein Apfel oder eine Orange mit geweihtem Palm gesteckt wird. Die Kinder gehen von Haus zu Haus und singen das Palmstock-Lied. Als Belohnung bekommen sie Süßigkeiten und Kekse, die am Palmstock befestigt werden.

Wer noch ein bisschen üben muss, findet das Lied auf der nächsten Seite.

Palm, Palm, Paosken,
laot den Kuckuck raosken
lao de Vöggelkes singen,
laot den Geldbüül klingen.
Häihsokoräi, häihsokoräi!
Un wenn't noch eenmaol Sunndagg is,
dann krieg wie alle'n Äi!

Palmzweig, Palmzweig, Ostern,
lasst den Kuckuck rufen,
lasst die Vögelchen singen,
lasst den Geldbeutel klingen.
Häihsokoräi, häihsokoräi!
Und wenn noch einmal Sonntag ist,
dann kriegen wir alle ein Ei!

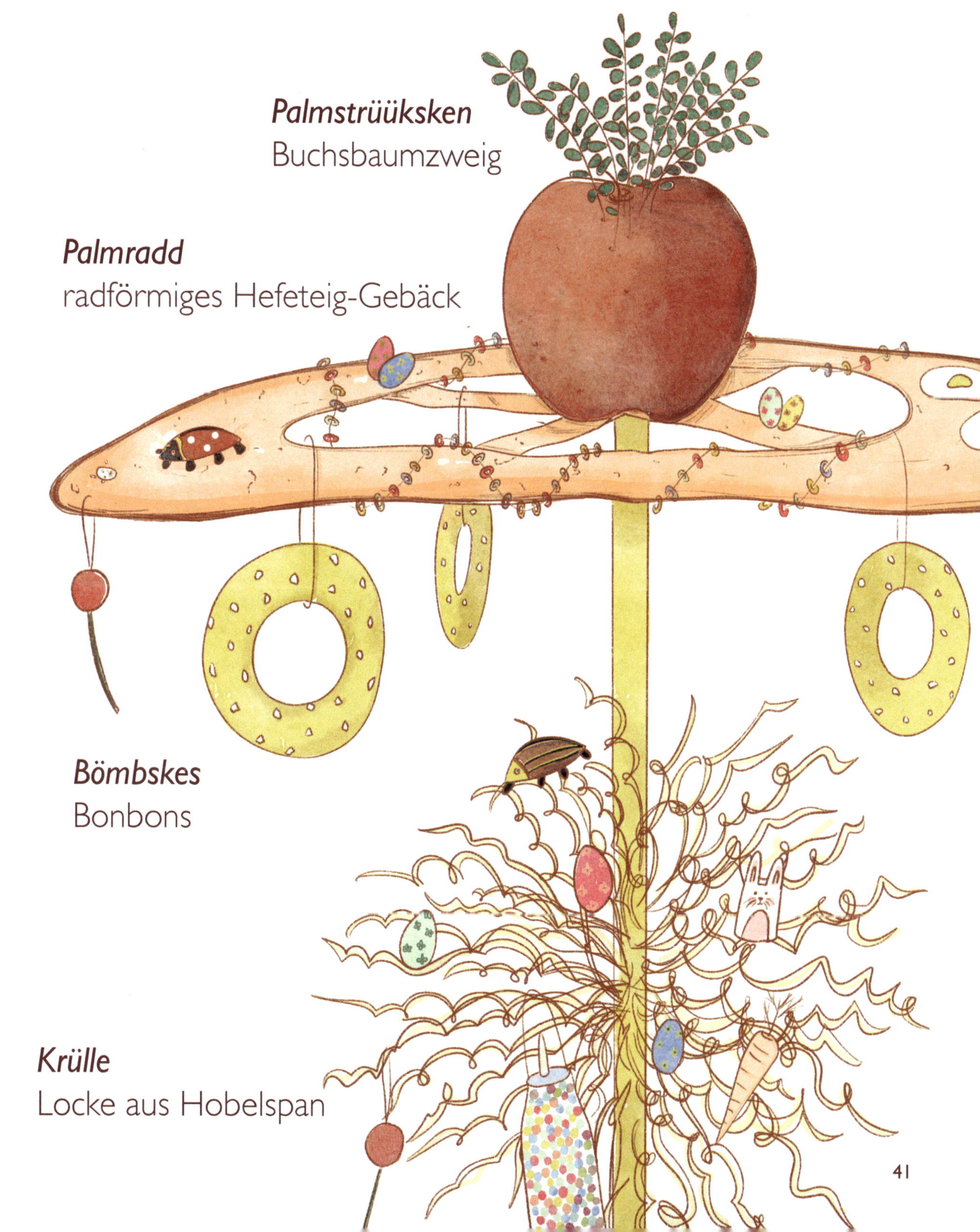
Palmstrüüksken
Buchsbaumzweig
Palmradd
radförmiges Hefeteig-Gebäck
Bömbskes
Bonbons
Krülle
Locke aus Hobelspan

OLLIEKRÄBBKES/ STRUWEN

Am *stillen Frijdagg* (Karfreitag) gedenken die Christen an die Kreuzigung Jesu. Traditionell wird an diesem Tag auf den Verzehr von Fleisch verzichtet. Im Münsterland ist es weit verbreitet, an diesem Tag Olliekräbbkes, eine Art kleiner Pfannkuchen mit Rosinen zu essen.

Dat bruuks daorto Das brauchst du dafür

500g Mähl Mehl
3/8 Liter Melk Milch
40g Heefe Hefe
2 Äier Eier
2 EL Ssucker Zucker
1 TL Salt Salz
30g Botter Butter
125g Rosienen Rosinen
Fett zum Backen

So word't maakt So wird's gemacht

Hefe mit etwas lauwarmer Milch verrühren. Das Mehl in eine große Schüssel geben und mit der angerührten Hefe vermengen. Die Mischung 15 Minuten aufgehen lassen. Danach die übrigen Zutaten unterrühren und zu einem geschmeidigen Teig verkneten. Noch einmal ca. 1 Stunde lang gehen lassen und danach in einer Pfanne mit heißem Fett kleine Pfannkuchen ausbacken.

PAOSKEN

Ostern wird traditionell im Kreise der Familie verbracht. Nach der Ostereier-Suche gibt es selbstgebackenen Stuuten, eingelegte Soleier, und oft wird *Äierticken* gespielt.

Paoskehaase
Osterhase
Äierticken
Eiertitschen
Soläier
Soleier

ÄIERTICKEN

SO GEWINNST DU!

Ei, Ei, Ei!

KANN ABER AUCH SCHIEF GEHEN!

KLEIN GEWINNT GEGEN GROß!

DIE SPITZE DES EIS MUSS BEIM KOCHEN NACH UNTEN ZEIGEN (Physik und so...)

TSS... DE BLAAGEN VANDAAGE!
JUNG GEWINNT GEGEN ALT
DAS SIEGER-EI
AUF DEN WINKEL KOMMT ES AN!
DIE SPITZE MUSS DAS GEGNERISCHE EI SEITLICH TREFFEN!

SOLÄIER

Dat bruuks daorto Das brauchst du dafür

20 hatt kockte Äier hartgekochte Eier
Ssiepelringe van 5 Ssiepels Zwiebelringe von 5 Zwiebeln
1 Litter Waater Liter Wasser
2 EL Äätig Essig
Salt Salz
2 Loorbeerblaa Lorbeerblätter

So word't maakt So wird's gemacht

Einen Sud herstellen aus Zwiebelringen, Wasser, Essig, Salz und Lorbeerblättern. Dann die gepellten Eier in ein Glas legen und den gekochten Sud auf die Eier gießen. Das Glas verschließen und an einen dunklen Ort (nicht in den Kühlschrank) stellen.
10–14 Tage ziehen lassen und an Ostern mit Senf, Maggi oder Essig und Öl genießen!

Paoskeför

Osterfeuer

MÄIKRONE

Eine Maikrone bekamen neue Nachbarn, die entweder ein neues Haus gebaut oder ein Haus in der Nachbarschaft gekauft haben. Sie wurde am Vorabend des 1. Mai über der Eingangstür aufgehängt und einige Tage vorher von den Frauen der Nachbarschaft angefertigt. Mit der Maikrone zog man in die Nachbarschaft ein.

14

MÄIKRONE

maol anders

LARS + LUISE

PINGSTERBRUUD

Der Brauch der Pingsterbruud wurde vor allem auf den Höfen der Bauern gefeiert. Dabei wurde ein Kinder-Brautpaar gekürt, und alle Kinder der Nachbarschaft zogen mit einem geschmückten Bollerwagen von Hof zu Hof und sangen dabei das Pingsterbruud-Lied. Auch heute wird der Brauch noch vereinzelt in Kindergärten gefeiert.

„Pingsterbruud, du löie Huud.
Was du ährer upestaohn,
was du met vörannegaohn."

„Pfingstbraut du faule Haut.
Wärst du früher aufgestanden,
wärst du mit voran gegangen"

3

JUULI
AUGUST
SEPTEMBER

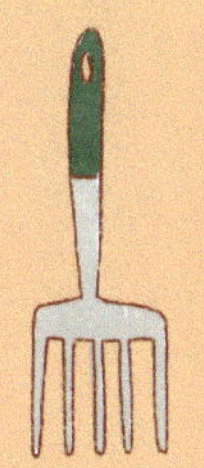

IN‘N GAORN

SCHÜTZENFEST

GEBURTSDAGGS-FIER

HOCHTIED

KARMIS

IN 'N GAORN

Einen kleinen, eigenen Bauerngarten zu beackern, ist im westlichen Münsterland bis heute weit verbreitet. Manche alten Wetter- und Bauernregeln werden auch heute noch zu Rate gezogen, um Arbeiten im Garten dem Wetter entsprechend zu planen.

Erpel
Kartoffeln
Wottel
Möhre
Schwattwottel
Schwarzwurzel
Pillewörmken
Regenwurm

WEERREGELS

Wenn de Krampaodern weh doht, dann gifft Rägen!

Wenn die Krampfadern wehtun, dann gibt es Regen!

Wenn de Hohner nich up't Recke willt, giff't Rägen.

Wenn die Hühner nicht auf die Stange wollen, gibt es Regen.

Wienachten in't Höwweken, Paosken in't Stöwweken.

Weihnachten im Hof, Ostern in der Stube.

Wenn de Kohne biestert, dann gifft'n Schur.

Wenn die Kühe unruhig sind, gibt es einen Regenschauer.

de Fähnkes fladdern
die Fahnen flattern
de dicke Trumme
die große Trommel
Voggel-Scheeten
Vogelschießen

SCHÜTZENFEST

Schützenfeste haben im Münsterland eine lange Tradition. Noch heute erfreuen sie sich großer Beliebtheit bei Jung und Alt. Wäre es aber nicht auch langsam einmal an der Zeit, dass eine Frau den Vogel abschießen darf?

Voggelstange

Vogelstange

GEBURTSDAGGS-FIER

Bei einer Geburtstagsfeier kommt gerne die ganze Familie zusammen. Dabei läuft es leider nicht immer, wie hier, harmonisch ab, deshalb gibt es auf den folgenden Seiten ein paar Inspirationen für den nächsten Familienstreit.

Wien
Wein
Wöstekes
Würstchen
mooi binéénesitten
gemütlich zusammensitzen

Pannekookengesicht
breites, dickes Gesicht

HUNDE KOTBEUTEL

Du ollen Drietebüül!

Du alter Sch***beutel!

Schnapsnösse!

Säufer/in!

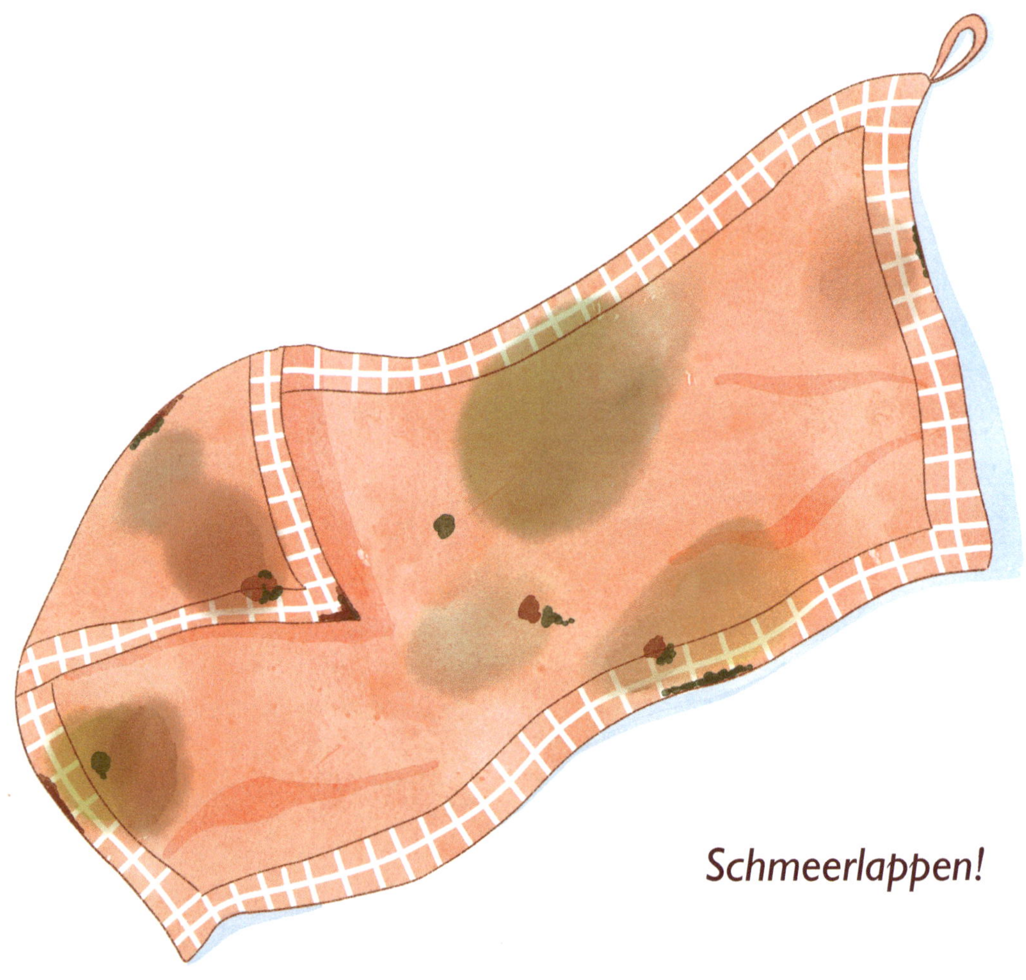

Schmeerlappen!

Schmierfink!

Windbüül!

Angeber!

HOCHTIED

Das Hochzeitsfest ist mit vielen Traditionen verbunden. Für die Vorbereitung werden von den Frauen der Nachbarschaft *Rööskes maakt* (Papierrosen gemacht). Das *Krääansen* wird am Vorabend der Hochzeit von den Männern übernommen. Tannenzweige werden dafür gebunden, mit den *Rööskes* geschmückt und typischerweise über der Tür des Hauses aufgehängt.

Um die Einladung der Gäste kümmerten sich früher die *Bruudlachtsnööger* (Hochzeitseinlader). Zwei Nachbarn dachten sich einen Einladungsspruch für die Brautleute aus und fuhren meist mit dem Rad von Haus zu Haus und luden die Nachbarschaft zur Hochzeit ein. Man sollte bei dieser Tradition nur aufpassen, nicht zu tief ins Glas zu schauen, um die Namen der Brautleute nicht unterwegs zu vergessen...

GUDDEN DAGG!
HIER SETT WI U'U'USEN STAFF!
WI WILT UH NÖÖÖÖÖGEN TO DE
BRU'BRUUDL' BRUUDLACHTE
VAN MEIKE EN
...

ÖÖH?

KARMIS

Im Münsterland gibt man das Datum gerne mit *vöör of nao Karmis* (vor oder nach der Kirmes) an. Das unterstreicht ganz gut, wie bedeutend dieses Volksfest für die Region ist. Die Kinder werden mit dem nötigen *Karmisgeld* ausgestattet und fiebern Wochen im Vorfeld auf das Fest hin. Natürlich kommt man am Ende meistens mit *Karmisgräi* (wertloses Zeug) aus der Losbude nach Hause.

OMA UN JAN UP KARMIS

FRIFALL? WAT IS DAT DANN?
SIEHST DU GLEICH, OMA!

JETZT GIBT'S BLAUE FLECKEN AN DEN BECKEN!

EINGANG

DA GAO IK NICH DRUP, JAN!
KEINE PANIK, OMA! HALB SO WILD!

AAAAH!
OMA! DAT DÖOS BLOOß EENMAOL!

4

OKTOOBER
NOWEMBER
DEZEMBER

IN'T STÄDTKEN

INKOPEN

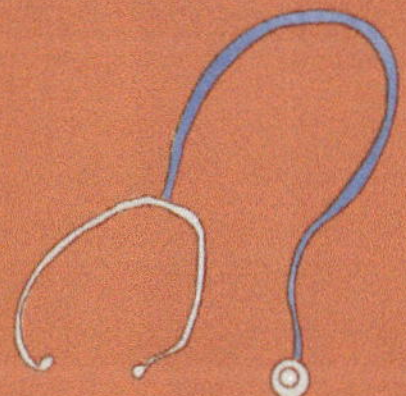

BI'N DOKTER

NIKLAUS-AOBEND

WIENACHTEN

MOOS-ÄÄTEN

IN'T STÄDTKEN

In der Stadt herrscht großer Trubel! Besonders auf den Straßen ist immer was los. Die Autofahrer haben ihre ganz besonderen Eigenheiten.

Spöllplass
Spielplatz
Kindergaorn
Kindergarten
Bäke
Bach
up't Markt
auf dem Markt

BÄÄTER SCHLECHT EFÖHRT ...

Drömmelpott

Kriecher

Drammert

Drängler, Nörgler

AS GUDD ELOPEN!

Braaskert

Raser

Wiesnösse

Besserwisser

INKOPEN

Einkaufen kann schnell stressig werden, wenn man sich aber den Spaß nicht nehmen lässt, so wie Oma Agnes und Jan, dann ist man auch flott fertig. Viel mehr Freude als im Supermarkt macht das Einkaufen aber auf dem Flohmarkt. Wenn man dann auch noch die Verkäufer*innen kennt, dann macht man die besten Schnäppchen!

Spass mutt de wenn', un wenn't bi Bessmooder in't Bedde is.

Spaß um jeden Preis!

HANNELN
EENFACH MAAKT!

DAT IS NOCH MA NE MOOIE VASE!

HALLO!
HABEN SIE INTERESSE AN DER VASE?
FÜR 10€ KÖNNEN SI SIE MITNEHME

DAGG! JA, DAT IS NE MOOIE VASE!
BÜS DU NICH DE DOCHTER VAN RENATE?
JA GENAU! KENNEN SIE SICH?

JAO. RENATE IS DOCH DE SÜSTER VAN MIENE SCHWAOGER HANNES!
WIE KLEIN DOCH DI WELT IST!

JAO, KIEK AAN! DA BÜ WI JA NOCH FAMILIE
HAHA!

WAT WOSS DAORFÖÖR HÄBBEN?
ICH GE SIE IHNE FÜR 8€

UH! DAT IS IN'T GATT TE DÜUR!

LAOT DI'T GUDD GAON!

OKAY. 5€ IST AUCH IN ORDNUNG!
JAO. DAT KLINGT HA BÄÄTER!
5 EURO
RENATE? DE KANN IK NICH UUTSTAON!

Lümmel

Schlingel

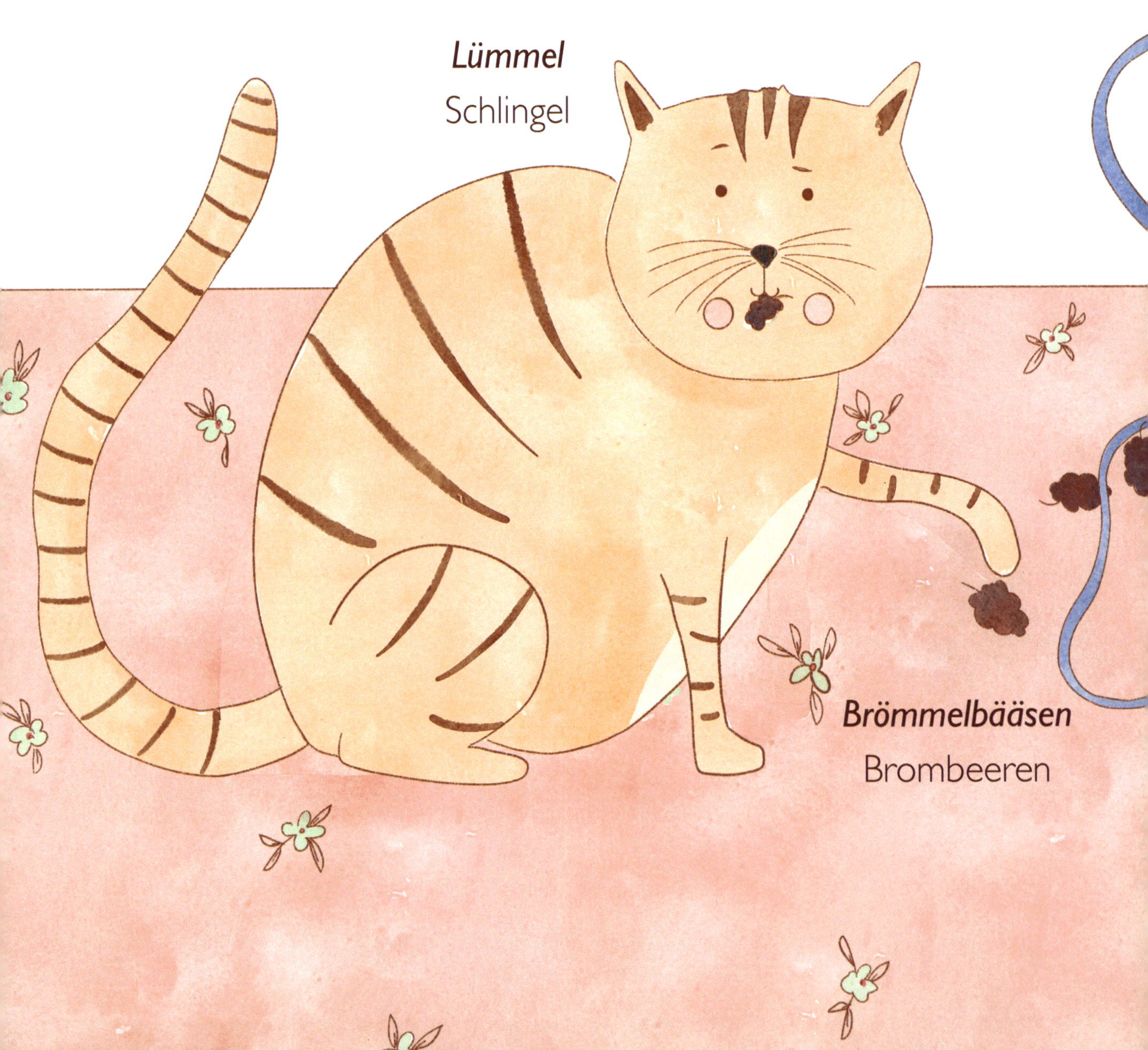

Brömmelbääsen

Brombeeren

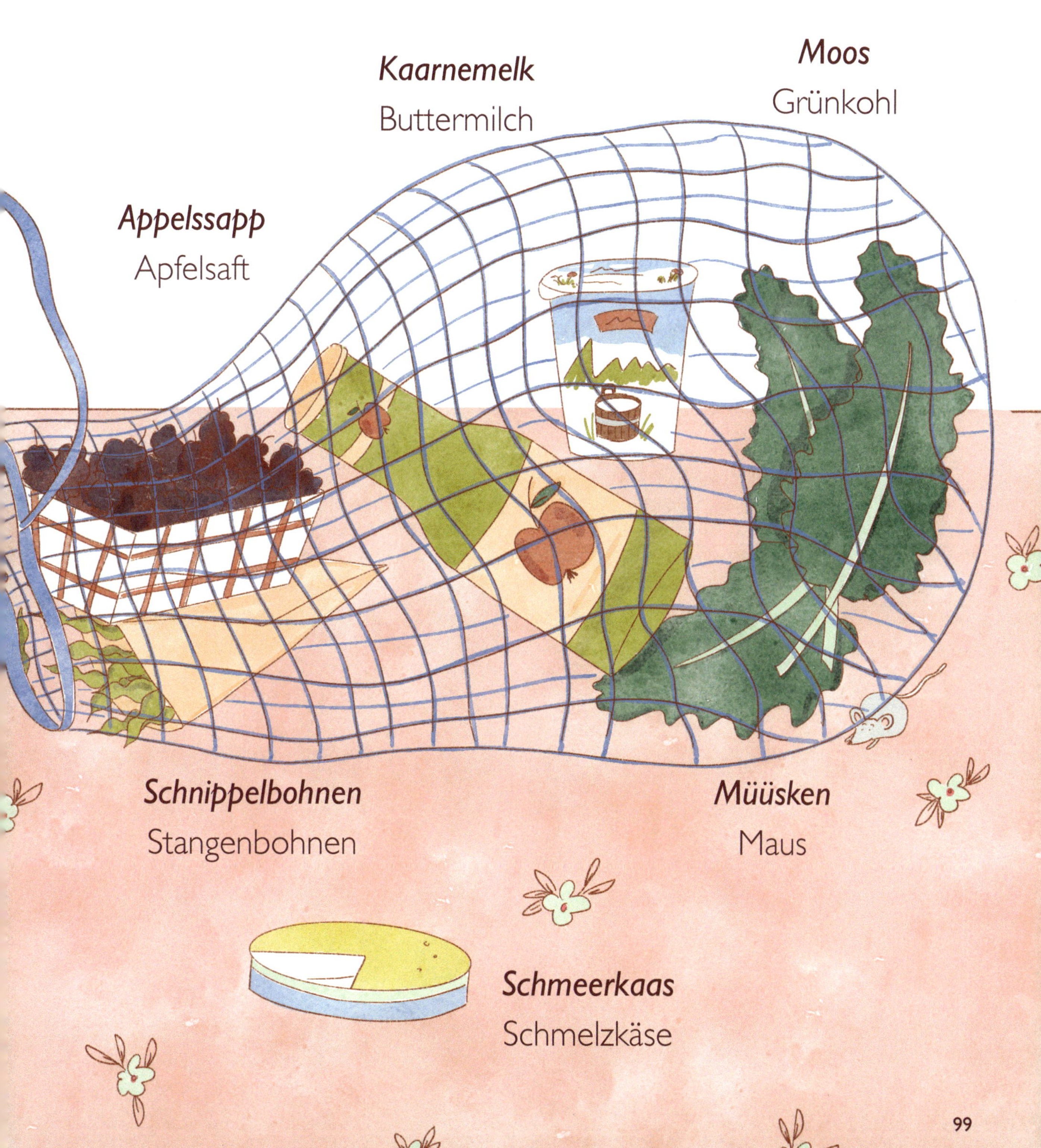
Kaarnemelk
Buttermilch
Moos
Grünkohl
Appelssapp
Apfelsaft
Schnippelbohnen
Stangenbohnen
Müüsken
Maus
Schmeerkaas
Schmelzkäse

Döpp-Ooge
blaues Auge

Buukpiene
Bauchschmerzen

Se is anners.
Sie ist schwanger.

BI'N DOKTER

Der Arztbesuch wird oft hinausgezögert mit den Worten „Den Dokter kan aan mi nix verdeenen!" was so viel bedeutet, wie „Ich bin kerngesund." Sollte aber doch einmal der Arzt aufgesucht werden, so ist das Wartezimmer der perfekte Ort, um den neuesten Klatsch und Tratsch zu erfahren.

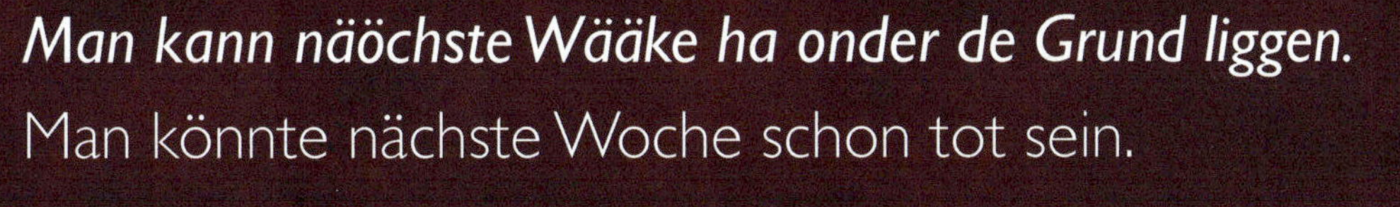

Man kann näöchste Wääke ha onder de Grund liggen.

Man könnte nächste Woche schon tot sein.

He häff Buukpiene an'n grooten Tehn.

Er stellt sich nur an.

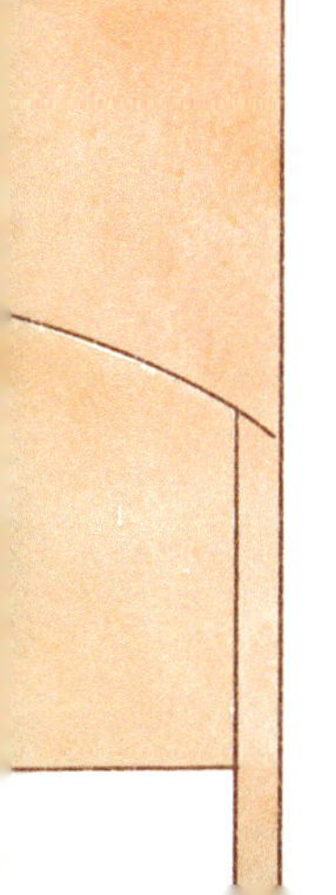

Ne Frääter wödd nich geboorn, he wödd maakt.

Als Vielfraß wird man nicht geboren, sondern erzogen.

Am Abend des 5. Dezember finden in vielen Städten und Dörfern des Münsterlandes Nikolaus-Umzüge statt. Dabei reitet der Nikolaus meist zusammen mit Knecht Ruprecht auf Pferden in die Stadt. Die Kinder versammeln sich mit ihren Laternen und gemeinsam werden Nikolaus-Lieder gesungen. Auch die sogenannten „Stutenkerle" (Hefeteigmänner) dürfen nicht fehlen.

WIENACHTEN

Weihnachten wird im Münsterland sehr traditionell im Kreise der Familie gefeiert. Unterm Tannenbaum darf die Krippe nicht fehlen, und hoffentlich liegen dort die richtigen Geschenke, damit es ein harmonisches Fest bleibt.

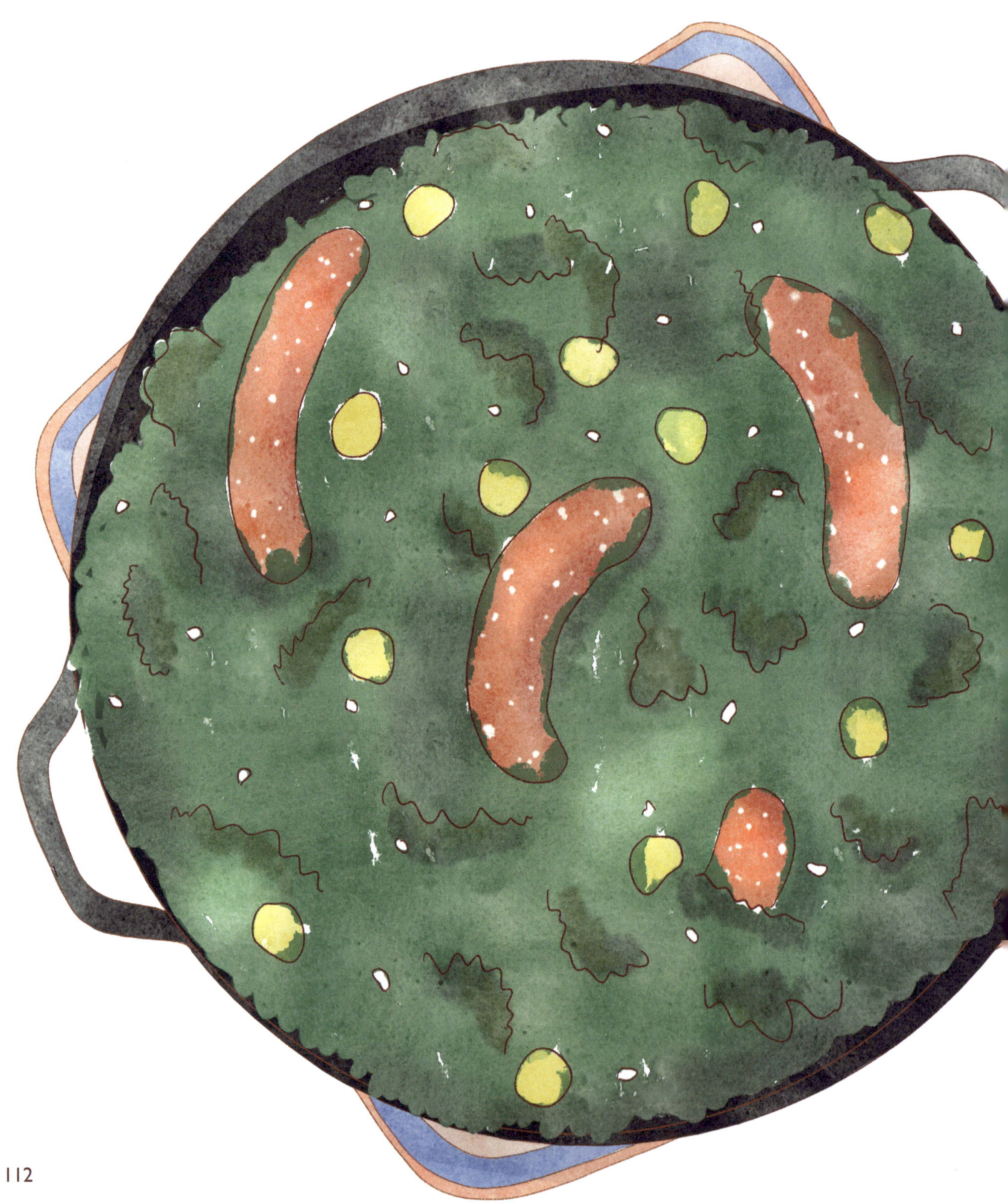

MOOS-ÄÄTEN

Das Moos-Ääten gehört fest zu den Wintermonaten dazu. Nach einer kalten Winterwanderung schmeckt der Grünkohl noch einmal doppelt so gut. Fleisch ist heutzutage nicht mehr unbedingt notwendig für einen leckeren Grünkohl. Vegane Frikadellen sind eine super Alternative und passen deutlich besser in die heutige Zeit. Das passende Rezept gibt‘s auf der nächsten Seite.

Dat bruuks daorto Das brauchst du dafür

600g Moos (TK) Grünkohl
3 Ssiepels Zwiebeln
1 EL Gemüsebrühe-Pulver
500g Erpel Kartoffeln
Vegane Frikadellen
Salt un Pääper nao Schmaak Salz und Pfeffer nach Geschmack
Muskaatnötte Muskatnuss
Äätig nao Schmaak Essig nach Geschmack

So word't maakt So wird's gemacht

Grünkohl einige Stunden vor der Zubereitung auftauen lassen. Zwiebeln schälen und fein würfeln. Öl in einem Topf erhitzen, und die Zwiebeln darin glasig andünsten. Grünkohl, Gemüsebrühe-Pulver und ca. 400ml Wasser hinzufügen und zugedeckt bei mittlerer Hitze ca. 20 Minuten garen lassen. Währenddessen die Kartoffeln schälen und in mundgerechte Stücke schneiden. Die Kartoffeln unter den Grünkohl geben und weitere 20 Minuten mitgaren. Den Eintopf etwas anstampfen und mit Salz, Pfeffer und Muskatnuss würzen. Die Frikadellen hinzufügen und noch kurz erwärmen.

GEMÖÖS
IS BEST
FLEES

BENNi,
DRÄÄi Di!

WAT KIEKS
DU KRUUS?
VERSTEHS
Mi NICH?

GAO WEG!

WAT KiEKS DU
KRUUS? VERSTEHS
Mi NICH?

SCHIET MI NICH UP'N KOPP!

WAT KIEKS DU KRUUS? VERSTEHS MI NICH?

NU KRIEG IK DI!

NA? NU KIEKS DU KRUUS!

IK SÄGG DANKE!

Erst einmal das größte Danke an die beste Familie, die man sich wünschen kann! Für eure Unterstützung von Anfang an, für immer neue Ideen und Anregungen und fürs Glauben an meine Fähigkeiten, wenn ich selbst nicht mehr dran geglaubt habe! Danke an die Wellers Sisters fürs Platt-Küürn underneeene. Ohne euch wäre dieses Buch niemals entstanden. Ein großes Danke an Professorin Monika Aichele (Hochschule Mainz) für die Betreuung der Bachelor-Thesis, für immer wieder neuen Input und für den scharfen Blick auf falsche Schatten und Katzenanatomie :)
Ein herzliches Dankeschön an Herrn Dr. Markus Denkler von der Kommission für Mundart- und Namenforschung Westfalens für die kompetente Durchsicht des Buches!
Danke an den besten Hund der Welt für die Gesellschaft, die du mir jeden Tag bei der Arbeit leistest!

Hannah Siehoff ist Illustratorin mit Leidenschaft für Bilder- und Kinderbücher.
Ihr Studium schloss sie an der Hochschule Mainz und der University of Plymouth mit dem Bachelor Kommunikationsdesign, Schwerpunkt Illustration ab.
Neben ihrer Tätigkeit als Bilder- und Kinderbuch Illustratorin führt sie ihr eigenes Papeterie-Label *Hannahs Firlefanz.*
Wenn sie einmal keinen Pinsel in der Hand hält, dann streift sie am liebsten mit ihrem Hund durch die Natur oder genießt eine Tasse Kaffee.

Glossar der (nicht ganz so) wichtigen, aber lustigen Begriffe und Redensarten

B

Bäter dat Geld nao'n Bäcker brengen as nao'n Apteker. - Besser das Geld zum Bäcker bringen als zum Apotheker.
Bäter dreemaol lachen as eenmaol nao'n Dokter gaohn. - Besser dreimal lachen, als einmal zum Arzt gehen.
Bäter 'n Flicken as'n Lock - Besser ein Flicken als ein Loch.
Bäter ne Lus as gar kin Flees in'n Pott. - Besser eine Laus als gar kein Fleisch im Topf.
Braaskert - Raser
Brömmelbääsen - Brombeeren
Buukpiene - Bauchschmerzen

D

Dat döös blooß eenmaol! - Das machst du nie wieder!
De kann ik nich uutstaon! - Die kann ich nicht ausstehen!
Döppooge - blaues Auge
Drammert - Drängler, Nörgler
Drietebüül - Scheißbeutel
Drömmelpott - Kriecher, eine Person die sich langsam fortbewegt

E

Et kümp as et kümp! - Es kommt, wie es kommt!

G

Gemöös is best Flees - Gemüse ist das beste Fleisch

H

He häff Buukpiene an'n Grooten Tehn. - Er stellt sich nur an.
He föhlt sick as'n Aol in de Modde - Er fühlt sich wie ein Aal im Schlamm.
Hol di kreggel! - Abschiedsgruß, Bleib gesund!

I

In't Gatt te düür - Viel zu teuer!

L

Lao we anstaoten - prosten
Lümmel - Schlingel

M

Möö met dree Ö! - Müde mit drei Ü!
Mut dat dann wenn? - Muss das denn sein?

N

Ne Frääter wödd nich geboorn, he wödd maakt.
Als Vielfraß wird man nicht geboren, sondern erzogen.
Ne halwe Dönnte is weggeschmetten Geld! - Eine halbe Sache taugt nichts!
Nich küürn, müürn! - Nicht quatschen, arbeiten!

P

Pannekokengesicht - breites, dickes Gesicht
Pillendräier - Apotheker
Pillewörmken - Regenwurm

S

Schmeerlappen! - Schmierfink!
Schnapsnösse! - Säufer*in!
Spass mutt de wenn‘, un wenn‘t bi Bessmooder in‘t Bedde is. -
Spaß um jeden Preis!

T

Trecksack - Akkordeon

U

Up een been kaans nich staon! - Ein Glas Alkohol reicht nicht!

W

Wat kieks du kruus? - Was guckst du irritiert?
Wat ne Buur nich kennt, dat frett he nich. -
Was der Bauer nicht kennt, das isst er nicht.
Wat wenn'mott, mott wenn'! - Was sein muss, muss sein!
Wenn's van Düüwel küürs, dann is he all daor. -
Wenn man vom Teufel spricht, dann ist er schon da.
Wennt löpp, dann löppt! - Wenn's läuft, dann läufts!
Wiesnösse! - Besserwisser
Windbüül! - Angeber!

Status und Gebrauch des Niederdeutschen

Wer noch Interesse an Daten und Fakten zur plattdeutschen Sprache hat, der findet hier einen Überblick über die nicht ganz so rosig aussehende aktuelle Sprachkompetenz. Vielleicht hat das Buch ja Lust darauf gemacht, sich intensiver mit dem Plattdeutschen zu beschäftigen und die Statistik wieder etwas anzuheben.

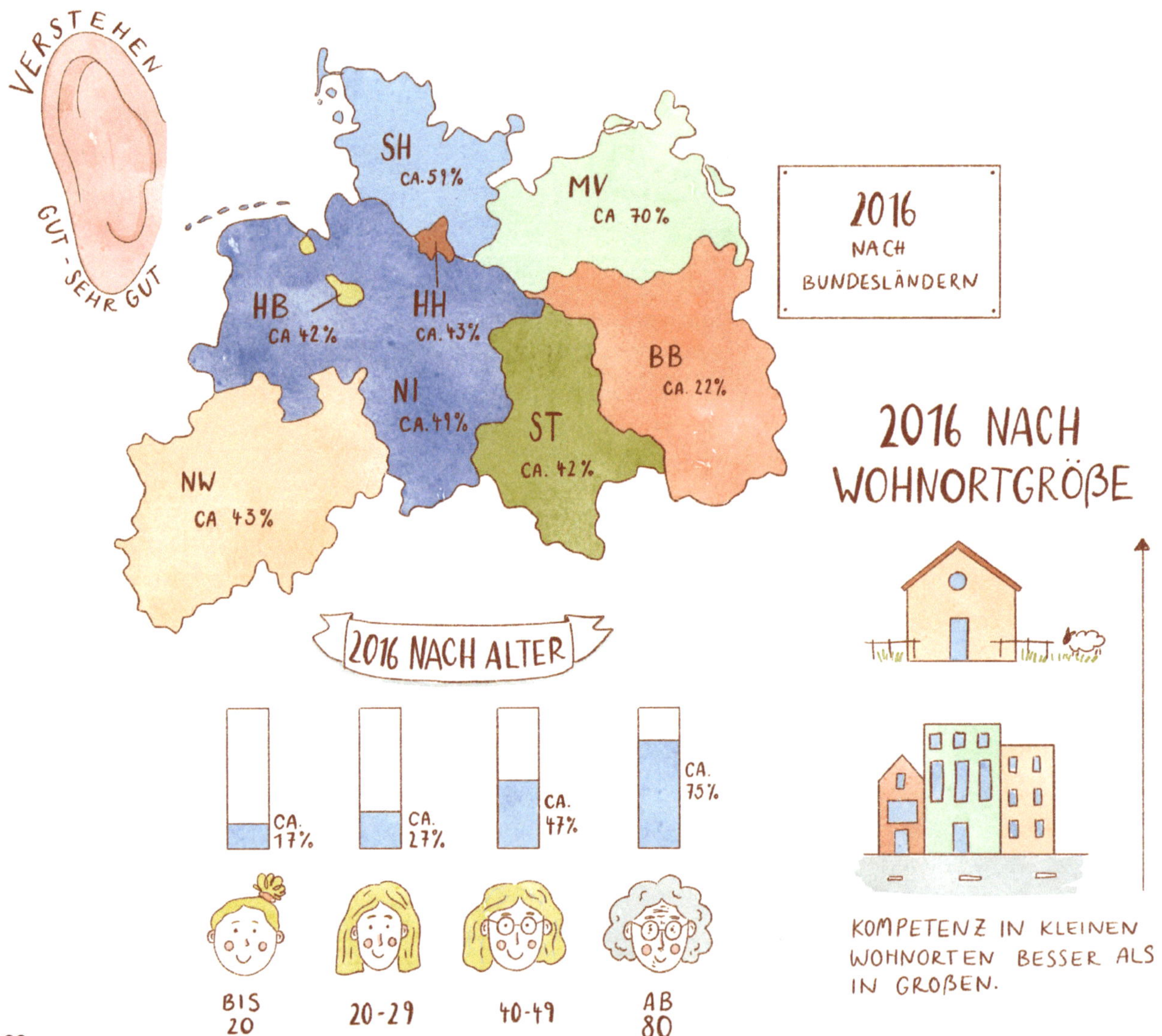

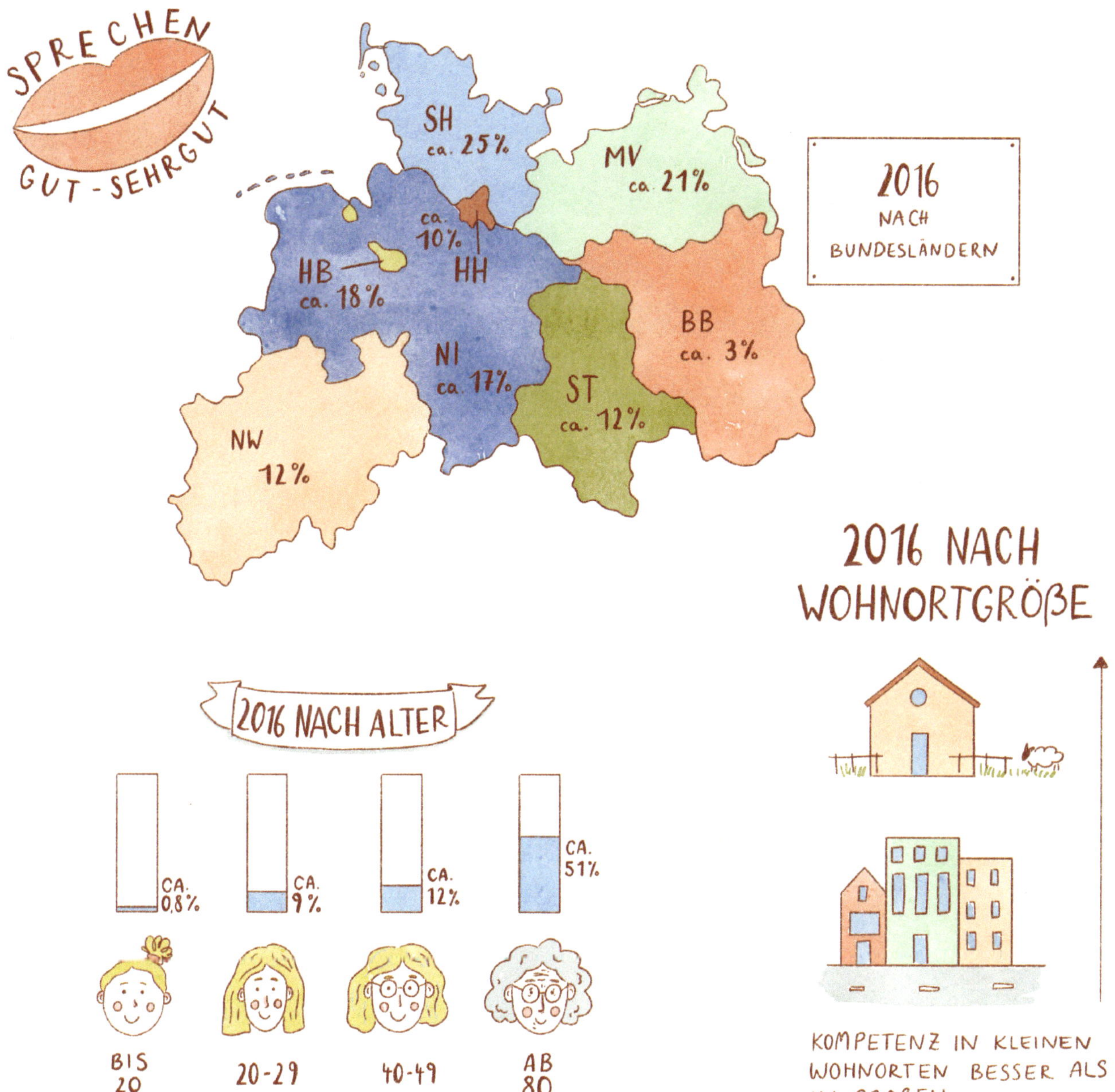

Status und Gebrauch des Niederdeutschen 2016
Adler, Astrid. - Mannheim : IDS, Institut für Deutsche Sprache, [2016]